Die beste
Oma der Welt

Text: Kath Smith Illustrationen: Steve Lavis

p

Ich gehe gerne zu Oma. Wir haben immer so viel Spaß zusammen!

Mit ihr kann man toll spielen.
Vor allem Verstecken!

Ich verstecke mich, und Oma muss suchen.

Sie findet mich immer!

Bei Oma darf ich Sachen tun, die mir Mama nicht erlaubt. Ich darf sogar mit ihrer Kamera fotografieren.

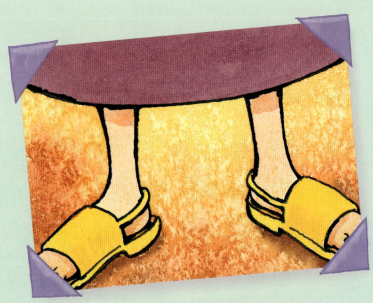

Fotografieren ist gar nicht so einfach. Hier hat sich Oma immer bewegt, als ich auf den Auslöser gedrückt habe.

Das ist Omas Katze. Sie heißt Nicki.

Das ist ein Foto von Oma.

Mama sagt, dass Oma mich verwöhnt.

Oma kennt auch herrliche Milchshake-Rezepte!

Oma backt leckere Törtchen. Mir macht sie immer extra große, und Brummbär bekommt ein kleines.

Aber vielleicht haben wir nur denselben Geschmack.

Wir schauen uns gern gemeinsam Fotos an. Am liebsten die mit Mama drauf, als sie selbst noch klein war.

Da müssen wir dann kichern.

Das ist Mama mit Brummbär.
Oma lässt mich immer
mit ihm spielen, wenn ich
bei ihr bin.

Ich finde es toll, wenn Oma Geschichten von früher erzählt. Vor allem die von ihrem Hochzeitstag.

Oma sagt, es war damals sehr windig.

Ihr Hochzeitskleid hat Oma immer noch.

Damals war ich noch nicht geboren!

Das sind gepresste Blüten aus Omas Brautstrauß. Sie sind schon sehr alt!

Ich finde, Oma sieht wunderschön aus!

Bei Oma ist es nie langweilig! Sogar wenn wir einkaufen gehen, macht es ...

... viel Spaß!

Oma weiß genau, was ich gerne esse.

Manchmal machen wir ein Picknick!

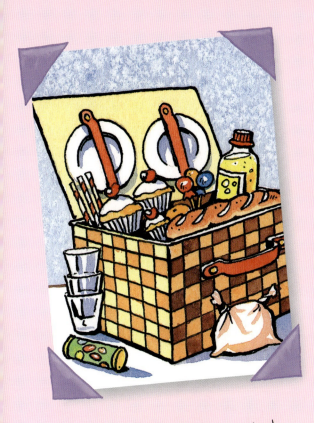

Omas Picknickkörbe sind wunderbar! Sie packt einfach ALLES hinein!

Weißt du, was ich essen möchte?

Sogar die Tiere lieben Picknicks mit Oma ...

... und wir teilen gern.

Nicki hat sich schon wieder das Album angesehen!

Es gibt immer reichlich zu essen.

Oma vergisst Brummbär nie.

Oma hat immer Zeit, um mit mir zu spielen.

Wir bauen zusammen eine Sandburg.

Oma sagt, so eine schöne Sandburg hatten wir noch nie!

Auch wenn sie müde ist, spielt sie noch mit mir.

Wenn ich traurig bin, weiß Oma immer ...

Oma kauft mir ein Eis, ...

Klebefinger!

... und ich lasse es fallen!

... wie sie mich trösten kann!

Oma wird langsam älter, und manchmal braucht sie meine Hilfe.

Meine Sachen kann ich schon allein tragen.
Oma sagt, ich bin eine große Hilfe.

Ich helfe ihr beim Auspacken
unserer Fundstücke.

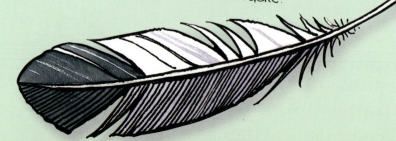

Aber das mache ich gern ...

... sie ist nämlich die
beste Oma der Welt!